ड्राइंग कार्टून्स

शिवाशीष शर्मा

वी एण्ड एस पब्लिशर्स

प्रकाशक

वी एण्ड एस पब्लिशर्स

F-2/16, अंसारी रोड, दरियागंज, नई दिल्ली-110002
☎ 23240026, 23240027 • फैक्स: 011-23240028
E-mail: info@vspublishers.com • Website: www.vspublishers.com

क्षेत्रीय कार्यालय : हैदराबाद

5-1-707/1, ब्रिज भवन (सेन्ट्रल बैंक ऑफ इण्डिया लेन के पास)
बैंक स्ट्रीट, कोटी, हैदराबाद-500 095
☎ 040-24737290
E-mail: vspublishershyd@gmail.com

शाखा : मुम्बई

जयवंत इंडस्ट्रिअल इस्टेट, 1st फ्लोर-108, तारदेव रोड
अपोजिट सोबो सेन्ट्रल, मुम्बई - 400 034
☎ 022-23510736
E-mail: vspublishersmum@gmail.com

BUY OUR BOOKS FROM: AMAZON FLIPKART

© कॉपीराइट: वी एण्ड एस पब्लिशर्स

ISBN 978-93-815888-5-7

संस्करण 2020

DISCLAIMER

इस पुस्तक में सटीक समय पर जानकारी उपलब्ध कराने का हर संभव प्रयास किया गया है। पुस्तक में संभावित त्रुटियों के लिए लेखक और प्रकाशक किसी भी प्रकार से जिम्मेदार नहीं होंगे। पुस्तक में प्रदान की गयी पाठ्य सामग्रियों की व्यापकता या सम्पूर्णता के लिए लेखक या प्रकाशक किसी प्रकार की वारंटी नहीं देते हैं।

पुस्तक में प्रदान की गयी सभी सामग्रियों को व्यावसायिक मार्गदर्शन के तहत सरल बनाया गया है। किसी भी प्रकार के उद्धरण या अतिरिक्त जानकारी के स्रोत के रूप में किसी संगठन या वेबसाइट के उल्लेखों का लेखक या प्रकाशक समर्थन नहीं करता है। यह भी संभव है कि पुस्तक के प्रकाशन के दौरान उद्धृत बेवसाइट हटा दी गयी हो।

इस पुस्तक में उल्लिखित विशेषज्ञ के राय का उपयोग करने का परिणाम लेखक और प्रकाशक के नियंत्रण से हटकर पाठक की परिस्थितियों और कारकों पर पूरी तरह निर्भर करेगा।

पुस्तक में दिये गये विचारों को आजमाने से पूर्व किसी विशेषज्ञ से सलाह लेना आवश्यक है। पाठक पुस्तक को पढ़ने से उत्पन्न कारकों के लिए पाठक स्वयं पूर्ण रूप से जिम्मेदार समझा जायेगा।

उचित मार्गदर्शन के लिए पुस्तक को माता-पिता एवं अभिभावक की निगरानी में पढ़ने की सलाह दी जाती है। इस पुस्तक के खरीददार स्वयं इसमें दिये गये सामग्रियों और जानकारी के उपयोग के लिए सम्पूर्ण जिम्मेदारी स्वीकार करते हैं।

इस पुस्तक की सम्पूर्ण सामग्री का कॉपीराइट लेखक/प्रकाशक के पास रहेगा। कवर डिजाइन, टेक्स्ट या चित्रों का किसी भी प्रकार का उल्लंघन किसी इकाई द्वारा किसी भी रूप में कानूनी कार्रवाई को आमंत्रित करेगा और इसके परिणामों के लिए जिम्मेदार समझा जायेगा।

प्रकाशकीय

'ड्राइंग एण्ड पेंटिंग कोर्स - भाग 1 एवं 2' की महान सफलता के बाद वी एण्ड एस पब्लिशर्स एक नई पुस्तक **'ड्राइंग कार्टून्स'** लेकर आये हैं। यह पुस्तक कार्टून बनाने की कला एवं प्रविधि पर आधारित है। विश्वप्रसिद्ध व्यंगकार आर. के लक्ष्मण ने एक बार कहा था, ''हमें बहुत कुछ कहना है तथा बहुत कुछ पूछना है, फिर भी हम यह नही जानते हैं कि हम अपने को कैसे व्यक्त करें।'' संभवतः यह सत्य है तथा सबसे अच्छा तरीका अपने को व्यक्त करने के लिए, यदि आप में कला के प्रति रूझान हो तो विभिन्न महान व्यक्तियों के विभिन्न मुद्राओं एवं अभिव्यक्ति के साथ, प्रमुख सार्वजनिक स्थल जहाँ लोग प्रायः घूमने जाते हैं, विरोधात्मक परिस्थितियाँ तथा सरकारी मुद्दों आदि पर कार्टून बनाने के तरीके एवं प्रविधियों पर ध्यान आकर्षित किया गया है जिसके द्वारा किसी भी व्यक्ति को आसानी से कार्टून बनाना सीखने के लिए सबसे पहला एवं आवश्यक चीज है कि व्यंगकार में संयम का होना। इसके बिना व्यक्ति सफल व्यंगकार नहीं बन सकता हैं इसके बाद मौलिक चित्र या अपनी विषय-वस्तु को खूब ध्यान के साथ अध्ययन करें। आप नकल करने से भयभीत न हों क्योंकि यही तो कला है कि आप अपने कार्टून को किस प्रकार प्रदर्शित करते हैं। इन सभी चीजों के बावजूद आप अपने को प्रतिदिन की खबरों से वाकिफ़ रखें। शायद इसमें आपको कुछ काम की चीज मिल सकती हैं इसलिए आप समाचारपत्रों, रेडियों आदि का सहारा ले सकते हैं। इस कला में पारंगत होने के लिए समसामयिक घटनाओं की जानकारी तथा उच्च बुद्धिलब्धि होनी आवश्यक है।

इस पुस्तक को छापने का मुख्य उद्देश्य यह है कि स्कूल, कालेज एवं संस्थाओं में पढ़ने वाले अनेक नवयुवक पाठकों की जिज्ञासा को शांत करना तथा उन्हें कार्टून बनाने की चरणबद्ध कला से परिचित कराना है तथा उन्हें यह बताना है कि वे किस प्रकार पेन या पेंसिल से आरेख, छायांकन या रंगों द्वारा पेंटिंग बना सकते हैं।

प्रस्तावना

एक नयी पुस्तक **'ड्राइंग कार्टूंस'** प्रस्तुत करते हुए अत्यधिक प्रसन्नता का अनुभव हो रहा है। इस पुस्तक के द्वारा आप कार्टून (व्यंग चित्र) तथा हास्यचित्र का आरेख बनाने के विषय में अधिक जानकारी प्राप्त करेंगे। थोड़ा अभ्यास करने से कार्टून का बनाना आसान हो जायेगा। कोई कार्टून के चित्र का चुनाव करें तथा इसे कागज के एक टुकड़े पर ग्रीटिंग कार्ड (अभिनन्दन पत्र) के रूप में आरेखित करें तथा इसे अपने मित्रों या सुहृदों को उपहार रूप में दें। इसका उन पर अच्छा प्रभाव पड़ेगा। आप कोई दूसरा बड़ा हास्यचित्र बनाकर उसे फ्रेम में मढ़वाकर अपने घर की दीवार पर लटका सकते हैं।

अब आप यह सोचते होंगे कि यह ड्राइंग इतना आसान नहीं है, परन्तु आप इसे आरेखित कर सकते हैं। आपको कुछ बातें याद रखनी हैं। मैं ड्राइंग के कुछ गूढ़ रहस्यों को बता रहा हूँ। जब आप पेंटिंग बना रहे हों तो जल्दीबाजी न करें। धैर्य के साथ काम करें तथा प्रत्येक विवरण का ध्यानपूर्वक अध्ययन करें तथा अपनी पेंटिंग को एक-एक करके पूरा करें। चित्र को पूरा करने के बाद इसको मूल प्रतिकृति से मिलान करें तथा आवश्यक परिवर्तन करें, यदि इसकी आवश्यकता हो तो। अच्छी पेंटिंग बनाने के लिए यह आवश्यक है कि आप अभ्यास में समय लगायें, आप में चित्र बनाने की उत्कट इच्छा हो तथा आप में अध्यवसाय के साथ-साथ चित्र बनाने का आत्मविश्वास भी हो। नकल से आशंकित न हों। यही तो कला है कि हमारे में अपने कार्टून को प्रस्तुत करने की बोधन क्षमता कैसी है? जैसा आप देखते है, वैसा ही आप बनाते हैं न कि जैसा आप जानते हैं तथा यही कार्टून बनाने का चातुर्य है। कार्य शुरू करने की तारीख लिख लें जिससे समय के अन्तराल में यह पता चल सके कि आप कितनी प्रगति या सुधार किये।

इस प्रकार एक-एक करके ड्राइंग बनाने के पाठ द्वारा समय के साथ-साथ चित्र बनाने की प्रविधि को सीखते जायेंगे तथा विगत अनुभवों से सुधार लाते जायेंगे।

ध्यान देने योग्य बातें

करें

1. केवल 2B पेंसिल का ही प्रयोग करें। दूसरे तरीके, प्रविधियाँ और अन्य माध्यम आपका ध्यान भंग न करें।
2. स्केच (आरेखण) धीरे-धीरे बनायें तथा चित्र का अनुपात उचित रखें। केवल अभ्यास से ही गति आ सकती है।
3. कार्टून का आरेख हल्के हाथ से करें। इस अवस्था में यदि कुछ गलत हो तो बिना मिटाये उन्हें ठीक कर लें।
4. अन्त में विवरणों को जोड़ दें तथा चित्र को छायांकित करें।

न करें

1. हमेशा यह बात ध्यान में रखें कि चित्र बनाते समय जल्दीबाजी न हो।
2. चित्र बनाते समय शुरू से अन्त तक धैर्य धारण किये रहें।
3. रबड़ का प्रयोग तब तक न करें जब तक प्रयोग आवश्यक न हो।
3. ड्राइंग बनाते समय आपका हाथ गन्दा नहीं होना चाहिए।

विशेष ध्यान देने लायक

अपने जीवन के नित्यप्रति के कामों में ध्यान देना चाहिए। इसके लिए समाचारपत्र बहुत सहायक होगा। सामाचारपत्र में हमें ताजा-तरीन खबरों की सहायता से कार्टून बनाने के लिए विषय-वस्तु मिलते हैं और इसमें विशिष्ट कलाकारों के कार्यों का अवसर देखने को मिलता है। कोई भी व्यक्ति समाचारपत्र से कार्टून पट्टी, हास्यचित्र या आरेख ले सकता है।

जब आप अपनी पेंसिल को छील रहे हों या पेंसिल के नोंक को और बारीक बना रहे हों तो उस समय अत्यन्त सावधानी बरतनी चाहिए।

परिचय

कला के प्रमुख घटक

बिना किसी संशय के यह कहा जा सकता है कि विचारों या भावों की अभिव्यक्ति में कला के लिए कोई सीमा-रेखा नहीं है। किसी कला का मूल्यांकन या कलात्मक कार्य करने के लिए कला के सिद्धान्तों तथा मौलिक घटकों के बारे में परिचित होना अति आवश्यक है, जिसके द्वारा पेंटिंग हृदयस्पर्शी तथा सही बनती है। एक चित्र रेखा, प्रकाश एवं छाया, आकार, रंग, लय, परिप्रेक्ष्य, सन्तुलन, अनुपात और घटकों का सही संयोजन आदि की सहायता से बनता है। कला के मुख्य घटकों को नीचे दिया जा रहा है-

1. रेखाएँ
2. किसी वस्तु के स्पर्श से हुआ विशिष्ट अनुभव (टेक्सचर)
3. आवर्तिता
4. परिप्रेक्ष्य
5. सन्तुलन
6. समानुपात
7. सामंजस्य
8. स्पेस (अन्तर) एवं रूप

1. रेखाएँ

रेखाएँ आँख को निर्देशित करती है, उदाहरण के लिए- रेखाएँ चित्र में एक प्रकार का दृश्य पैदा करती है। मूलरूप से रेखाएँ चित्र में आकार को परिभाषित करती हैं और एक आकार को दूसरे आकार से अलग भी करती हैं। ये मुख्यरूप से 11 (ग्यारह) प्रकार की होती हैं।

(क) लम्बवत् रेखाएँ

लम्बवत् रेखाएँ स्थायित्व, आकांक्षा, दृढ़ता तथा गरिमा को प्रदर्शित करती हैं।

(ख) क्षैतिज रेखाएँ

क्षैतिज रेखाएँ लम्बवत रेखाओं को आधार-प्रदान करती हैं। ये शेष जीवन की भावनाओं को व्यक्त करती हैं।

(ग) विकर्ण रेखाएँ

ये रेखाएँ उत्तेजना, अस्थिरता तथा क्षोभ व्यक्त करती हैं।

(घ) कोणीय रेखाएँ

ये रेखाएँ जीवन में संघर्ष, कड़वाहट और क्षोभ प्रदर्शित करती हैं।

(ङ) अपसारी रेखाएँ

ये रेखाएँ एक बिन्दु से सभी दिशाओं में गुजरती हैं तथा आधार या अक्ष का निर्माण करती हैं। ये प्रगति, वृद्धि और स्वतन्त्रता प्रदर्शित करती हैं।

क

ख

ग

घ

ड.

च

छ

ज

झ

ञ

ट

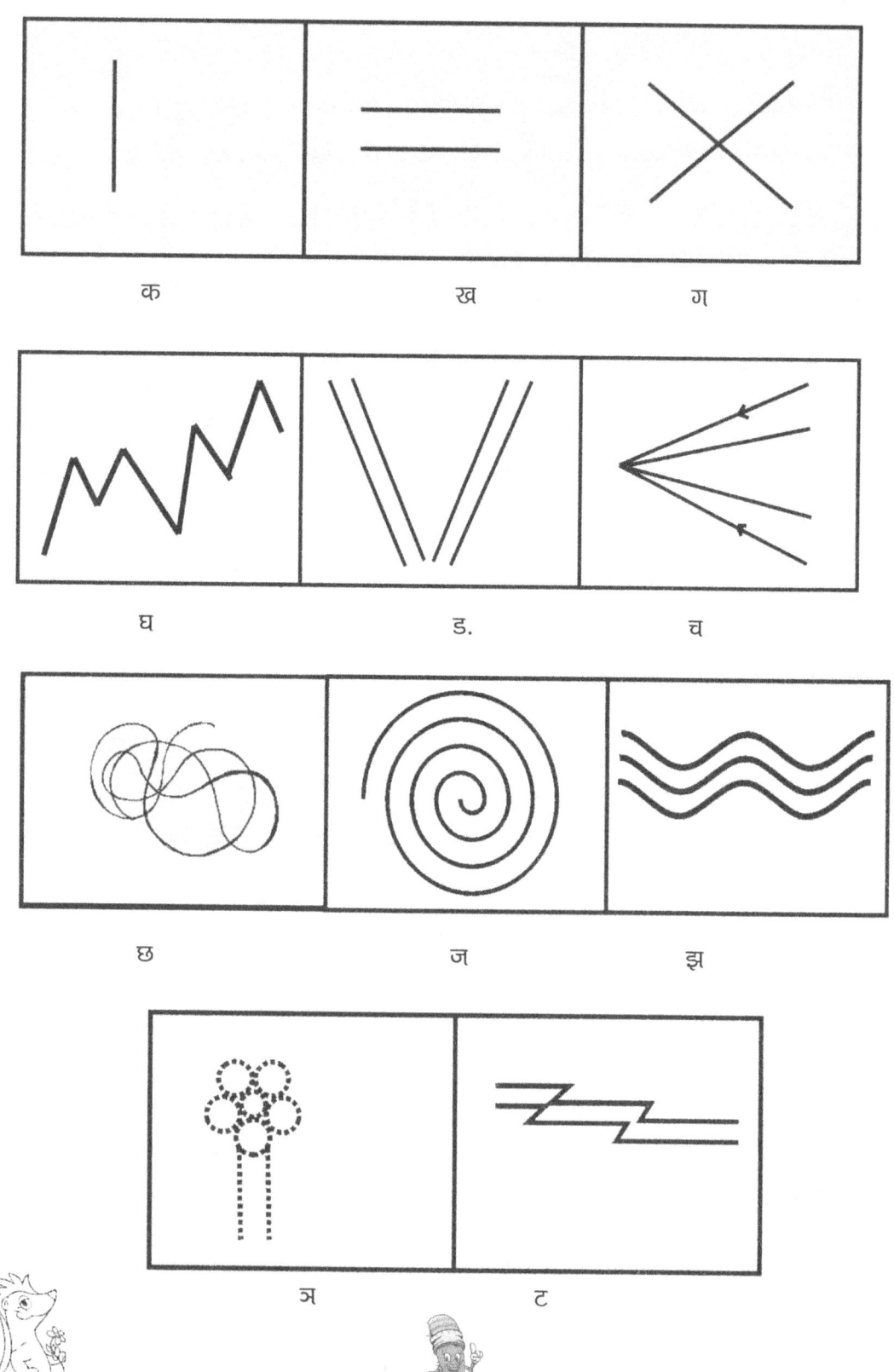

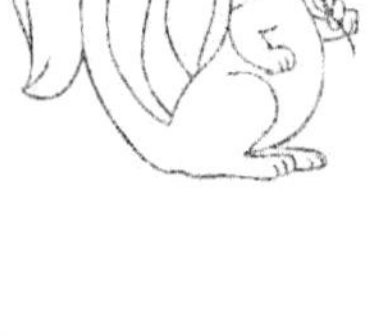

(च) **अभिसारी रेखाएँ**
ये रेखाएँ एक बिन्दु पर मिलती हैं तथा गंतव्य स्थान को सूचित करती हैं। वे आँख को शून्य बिन्दु की ओर ले जाती हैं। जिसे लोपी बिन्दु (Vanishing point) कहा जाता है।

(छ) **आड़ी-तिरछी रेखाएँ**
ये रेखाएँ उलझन (भ्रम) पैदा करती हैं।

(ज) **सर्पिल या कुण्डलित रेखाएँ**
ये रेखाएँ शक्ति, गति, विकास, उत्तेजना तथा प्रगति व्यक्त करती हैं।

(झ) **तालबद्ध रेखाएँ**
ये रेखाएँ ताल (लय), अनुकम्पा, आकर्षण एवं गति व्यक्त करती हैं।

(ञ) **बिन्दुदार रेखाएँ**
ये रेखाएँ संशय तथा अपूर्णता व्यक्त करती हैं।

(ट) **टेढ़ी-मेढ़ी रेखाएँ**
ये रेखाएँ संघर्ष की भावना तथा जीवन में अवसाद व्यक्त करती हैं। ये रेखाएँ लक्ष्य को अलग करती हैं तथा चित्र संघटन के मूलभूत संरचना को दिखाती है।

2. टेक्सचर (गठन)

टेक्सचर सतह का एक गुण है। विभिन्न प्रकार के टेक्सचर में अन्तर केवल सतह को अँगुलियों से छू करके महसूस किया जा सकता है। यदि हम सिल्क के कपड़े को छूते है तो इसके चिकनापन का एहसास होता है यदि स्पंज के सतह को छूते है तो खुरदरापन महसूस करते हैं।

किसी चित्र में टेक्सचर को केवल चाक्षुष संवेदना द्वारा ही महसूस किया जा सकता है।

कोमल एवं शान्तिदायक संवेदना केवल विभिन्न रंगों के धावन के सुन्दर प्रयोग या पारदर्शी जलरंगों के विखराव से महसूस किया जा सकता है। अपारदर्शी रंग जब मोटे टुकड़े पर प्रयोग किया जाता है तो खुरदरापन की भावना को प्रदर्शित करता हैं। हम खुरची हुई अनचाही रेखाओं को मिटाकर जो लकड़ी के लट्ठों पर पायी जाने वाली रेखाओं के समान या कपड़ों को प्रेस करते समय बनी लकीरों या अँगुली या स्पंज इत्यादि पर पायी जाती है, के द्वारा टेक्सचर उत्पन्न कर सकते हैं।

टेक्सचर

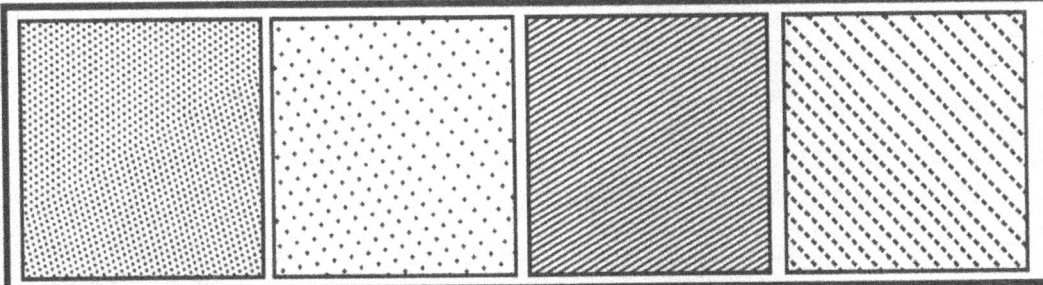

3. गति की आवृत्ति का नियमित पैटर्न (रिद्म) या आवर्तिता

रिद्म का मतलब एक आसान जुड़ा पथ जिसपर दृष्टि रेखाओं की व्यवस्था, रूप या रंग को आसानी से देख सके। हम चित्र में रिद्म तीन प्रकार से पैदा कर सकते हैं। ऐसा विभिन्न प्रकार की रेखाओं के द्वारा बनाकर कर सकते है।

(क) सरल रेखा

एक सरल रेखा दृष्टि को दूसरे बिन्दु पर बिना किसी रुकावट के ले जाती है, जैसे- चित्र (क)।

(ख) कोणीय रेखा

कोणीय रेखा में दृष्टि अवरोध के साथ टेढ़े-मेढ़े ढंग से आगे बढ़ती है, जैसे- चित्र (ख)।

(ग) लहरियादार रेखा

लहरियादार रेखा में दृष्टि निम्नतर चक्करदार भावना के साथ आगे बढ़ती है, जैसे- चित्र (ग)।

इसलिए हम कह सकते हैं कि रिद्म क्रम एवं गति तथा ड्राइंग में सतत प्रवाह की एक अच्छी समझ या परख है। हम एक इकाई को दोहराकर भी रिद्म पैदा कर सकते है, जैसे- चित्र (घ)।

रिद्मिक रेखाएँ

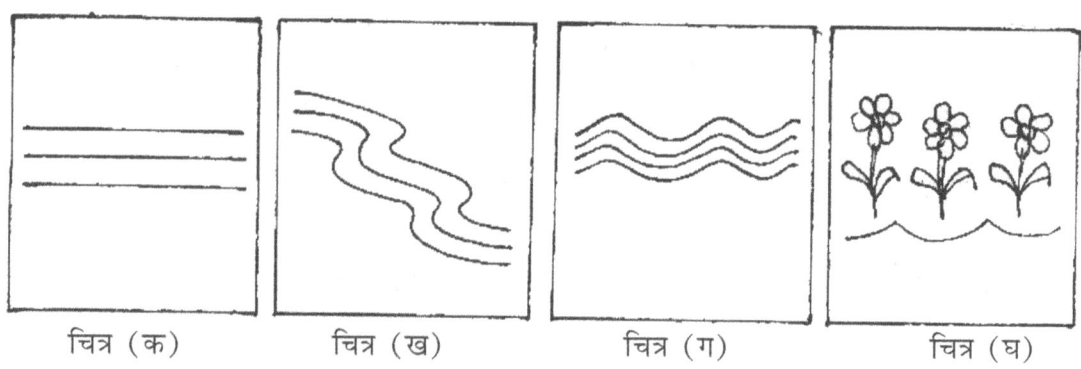

चित्र (क)

चित्र (ख)

चित्र (ग)

चित्र (घ)

4. परिप्रेक्ष्य

ड्राइंग या पेंटिंग में परिप्रेक्ष्य का प्रयोग गहराई एवं खाली स्थान की परख या समझ पैदा करने के लिए किया जाता है। परिप्रेक्ष्य एक कला है जिसके द्वारा ठोस वस्तुओं को चपटे सतह पर प्रदर्शित किया जाता है जैसा वे आँखों को दिखायी देती हैं। दूसरे शब्दों में - यह ठोस वस्तुओं को ठीक देखने लायक बनाने का एक तरीका है।

किसी वस्तु को दिमाग में कल्पना करके देखना तथा उस वस्तु को आँखों के सामने देखने में बहुत बड़ा अन्तर होता है। उदाहरण के लिए मान लीजिए आप एक सड़क के दोनों तरफ एक समान घरों की पंक्तियों की कल्पना कर रहे हैं। जो घर आपकी दृष्टि से ज्यादा दूर हैं, वे छोटे दिखायी दे रहे हैं तथा पास के घर उनसे बड़ा दिखायी दे रहे हैं। अब चित्र में वे घर कितना छोटा दिखायी दे रहे है, इस बात पर निर्भर करेगा कि सड़क कितनी लम्बी दिखायी जा रही है। जितनी लम्बी सड़क उतना दूर का छोटा घर दिखाना चाहिए। एक आदमी दूर जाते समय जितना दूर जाता है उतना ही छोटा दिखायी देता है।

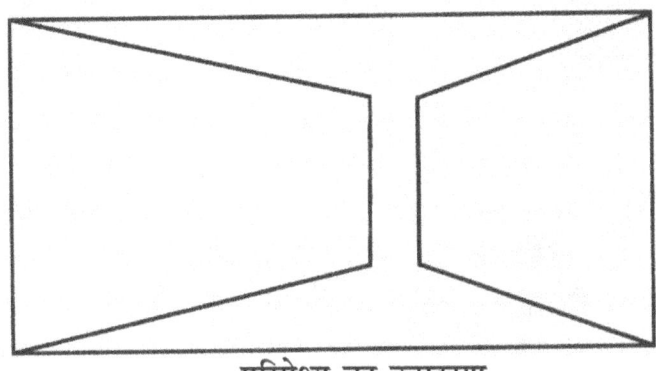

परिप्रेक्ष्य का उदाहरण

5. सन्तुलन

पेंटिंग में रूप एवं रंग के द्वारा सन्तुलन रखा जाता है। एक सन्तुलित डिजाइन में हमारी आँखें पूरी डिजाइन के ऊपर आसानी के साथ घूमनी चाहिए। यदि डिजाइन के किसी भाग में कोई कमी हो या खाली छूट गया हो तो डिजाइन का सन्तुलन गड़बड़ हो जाता है। सन्तुलन को रेखाओं की सहायता से आकार, प्रकाश एवं छाया, रंग और टेक्सचर के द्वारा प्राप्त किया जा सकता है। सन्तुलन का अभाव ध्यान आकर्षित करने में सफल नहीं हो पाता, तथा ऐसा महसूस होता है कि डिजाइन में कुछ कमी है। सन्तुलन औपचारिक तथा अनौपचारिक दो तरीकों से कायम किया जा सकता है।

(क) औपचारिक सन्तुलन

जब डिजाइन के घटक (अवयव) दोनों तरफ समान रूप से वितरित हों तो इसे औपचारिक सन्तुलन कहते हैं।

(ख) अनौपचारिक सन्तुलन

जब डिजाइन के घटक दोनों तरफ समान रूप से वितरित न हों तथा सन्तुलन प्राप्त करने के लिए आकृति आकार, रंग या रंगत (आभा) को समायोजित करना पड़े तो इसे अनौपचारिक सन्तुलन कहा जाता है।

सन्तुलन

(क) औपचारिक सन्तुलन

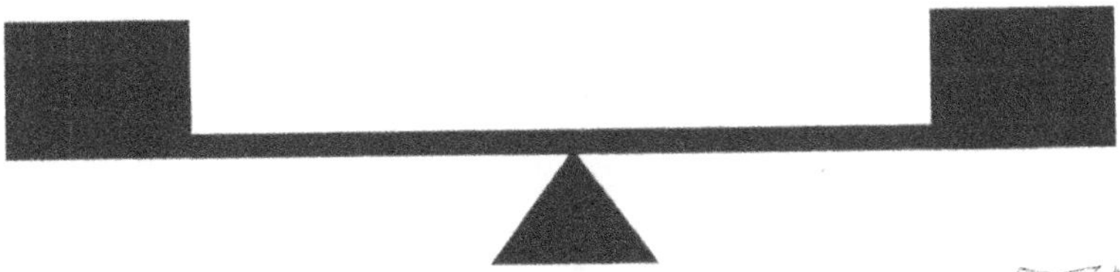

(ख) अनौपचारिक सन्तुलन

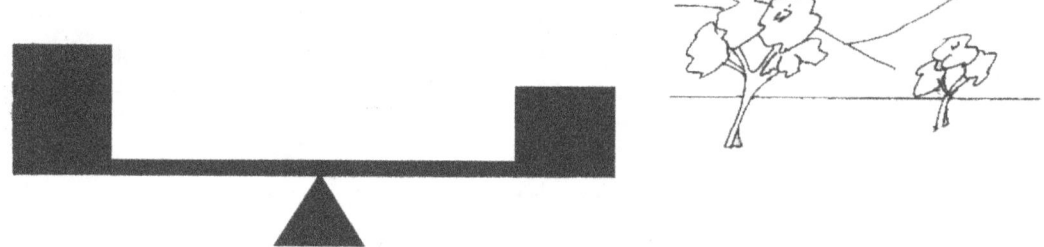

6. समानुपात

ड्राइंग में समानुपात का मतलब आँख द्वारा आकृति, आकार, विषय के भागों की स्थिति की माप से है।

समानुपात एक भाग का दूसरे भाग से तुलनात्मक अनुपात है। चित्र में ड्राइंग समानुपात आकार एवं स्थिति के द्वारा विचारों एवं भावनाओं को दूसरे तक पहुँचाया जाता है।

डिजाइन में समानुपात का मतलब डिजाइन के विभिन्न घटकों की योजना से है। अच्छी डिजाइन बनाने के लिए यह आवश्यक है कि पुरोभाग एवं पृष्ठभूमि के बीच, विभिन्न घटकों, रंग एवं उनके रंगत मूल्य, सीधी एवं वक्र रेखाओं में उचित समानुपात हो।

समानुपात

7. सामंजस्य

चित्र में सामंजस्य पैदा करने के लिए यह जरूरी है कि पेंटिंग के सभी तत्त्व जैसे-रंग, रंगत (आभा), रूप एवं टेक्सचर (गठन) एकता का प्रभाव पैदा करें।

एक आकर्षक पेंटिंग तभी बन सकती है जब पेंटिंग के विभिन्न तत्त्वों में सन्तुलन हो। पेंटिंग के रूप एवं लक्ष्य एक समान नहीं होने चाहिए। दूर पर रखा गया लक्ष्य छोटा प्रतीत हो तथा उसके रंग हल्का या बिखरा हुआ होना चाहिए। ऐसा होन पर पेंटिंग में उचित परिप्रेक्ष्य और सामंजस्य का भाव पैदा होगा। गठन सम्बन्धी सामंजस्य पेंटिंग में अति महत्त्वपूर्ण भूमिका अदा करते हैं। किसी भी पदार्थ के सतह की रूक्षता या कोमलता अँगुलियों के द्वारा महसूस की जा सकती है। परन्तु दृश्य सम्बन्धी मामलों में यह चित्रकार के कौशल के ऊपर निर्भर करता है कि वह पेंटिंग में उचित गठन के सामंजस्य के प्रभाव को किस प्रकार दर्शाता है।

रंग भी पेंटिंग में सामंजस्य पैदा करते हैं। गरम एवं ठण्डा रंग सन्तुलित ढंग से प्रयोग करना चाहिए। यदि 80% गरम रंगों का प्रयोग पेंटिंग में किया गया हो तो देखने वाले का रक्त चाप बढ़ सकता है। ठीक उसी प्रकार यदि 80% ठण्डे रंगों का प्रयोग किया गया हो तो देखने वाले का रक्त चाप गिर सकता है। इसलिए यह आवश्यक है कि गरम एवं ठण्डे रंगों के प्रयोग में उचित सन्तुलन होना चाहिए। पूरी पेंटिंग में चमकदार रंग का प्रयोग नहीं होना चाहिए बल्कि कुछ जगहों पर हल्के या बिखरे हुए रंगों का प्रयोग होना चाहिए जिससे पेंटिंग में उचित सामंजस्य बना रहे।

8. आकृति एवं रूप

किसी वस्तु की आकृति या आयतन उस वस्तु की संरचना को स्पष्ट करते हैं। वृत्त एक आकृति है जबकि गेंद एक रूप है। रूप को बहिर्रेखा एवं रंग द्वारा परिभाषित किया जा सकता है। रूप के दो प्रकार - स्वतन्त्र रूप एवं ज्यामिति रूप होते हैं। एक सेब, कान, नाक स्वतन्त्र रूप के उदाहरण हैं। त्रिभुज, वर्ग एवं आयत ज्यामिति रूप हैं। प्रकृति में सभी रूप ज्यामिति रूप हैं।

आकृति
रूप

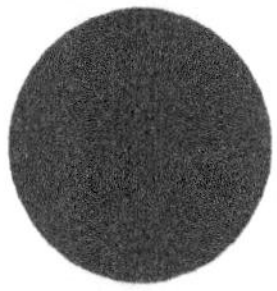

(स्पेस) खाली जगह का विभाजन

कोई भी आरेख कागज पर बनाने के पहले स्पेस एकदम रिक्त रहता है। ड्राइंग बनाते समय हम सोचते है कि अन्य भाग कैसे बनाया जाये। जैसे ही एक रेखा खींचते हैं, यह दो रूपों में विभाजित हो जाती है

(1) औपचारिक विभाजन
(2) अनौपचारिक विभाजन

(1) **औपचारिक विभाजन:** इसमें खाली जगह (स्पेस) को प्रत्येक ओर से बराबर-बराबर विभाजित किया जाता है।
(2) **अनौपचारिक विभाजन:** इस विभाजन में चित्रकार अपनी इच्छानुसार (चुनाव) स्पेस को विभाजित कर सकता है।

अन्य स्पेस का विभाजन

स्पेस का क्षैतिज विभाजन विभिन्न संघटन को दर्शाता है-
(1) पुरोगामी स्पेस, पृष्ठभूमि स्पेस की तुलना में कम है।
(2) पुरोगामी स्पेस पृष्ठभूमि के स्पेस से बड़ा है।
(3) पुरोगामी स्पेस एवं पृष्ठभूमि स्पेस बराबर हैं।

(क) विपरीत परिवर्तन रूप

विपरीत परिवर्तन रूप में, स्पेस का विभाजन चित्र को बारी-बारी से परिवर्तित करके तथा पुनरावृत्त रूप के नकारात्मक भाग को रंग एवं छाया से प्राप्त किया जा सकता है।

(ख) अन्तर-परिवर्तन रूप

अन्तर-परिवर्तन रूप में डिजाइन को नये रूपों में बनाने के लिए आकृति की स्थिति, आकार और रंग को पुनरावृत्ति के समय बदलकर प्राप्त किया जा सकता है।

विपरीत परिवर्तन रूप (चित्र क)

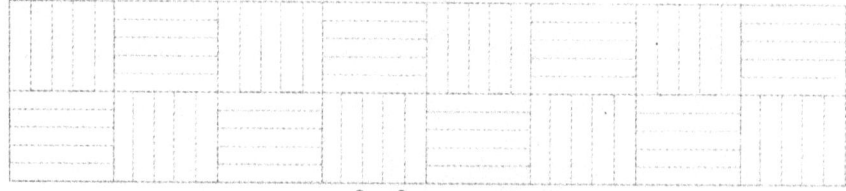

अन्तर विपरीत रूप (चित्र ख)

कार्टून्स

व्यंग चित्र (कार्टून) के चेहरे में आगे क्या?

कोई भी चेहरा निम्नलिखित अंगों-सिर, नाक, आँख, मुख, कान, बाल से बना होता है। चेहरा बनाना उससे आसान हो जाता है जब आप उसके विभिन्न भागों को अलग-अलग खण्डों में कर दिये हों क्योंकि आप उन विभिन्न भागों से परिचित हो जाते हैं तथा उन भागों को चित्रखण्ड प्रहेलिका के समान ठीक से बैठाना (फिट करना) शुरू कर देते हैं।

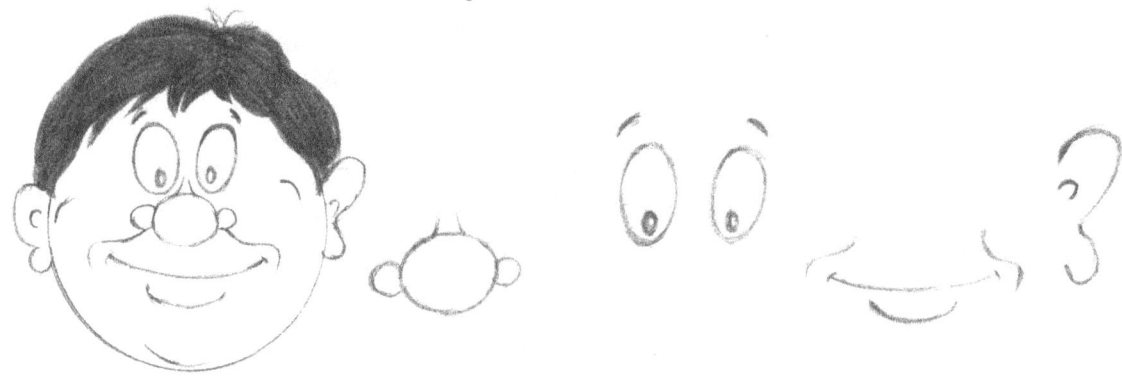

चेहरा बनाने के लिए कैसे पहल करें

अपनी पेंसिल को हल्के से पकड़कर कागज पर वृत्त से शुरू करें। यह सिर के लिए आधार होगा। कार्टून के पात्र विभिन्न आकृति एवं आकार में आते हैं परन्तु आप जब अपनाा पहला स्केच (आरेख) बना रहे हैं तो ज्यामितीय आकार ही बनाना सबसे बढ़िया होगा। सिर हमेशा गोल ही नहीं होता बल्कि जहाँ तक मैं सोचता हूँ कि प्राय: आरम्भिक बिन्दु में यही सबसे आसान तथा सबसे उत्तम तरीका है।

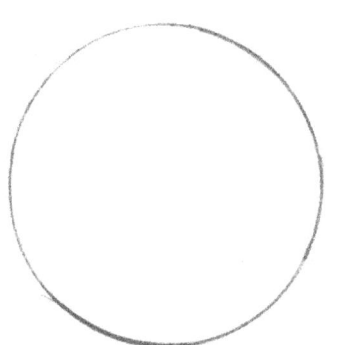

सिर का अगला भाग बनाने में नाक का स्थान आता है क्योंकि यह सिर के केन्द्र में होती है। नाक बनाने के विभिन्न तरीके हैं तथा आप नाक बनाने से पहले यह समझ लें कि विभिन्न कार्टून के पात्र तरह-तरह के नाक से कैसे दिखते हैं।

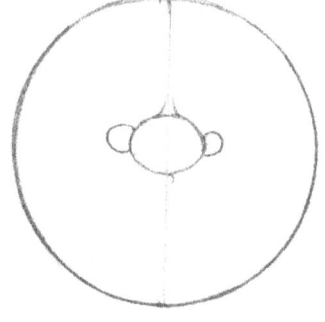

नाक बना लेने के बाद क्रमानुसार आप आँख तथा इसके बाद मुख बनायें।

इसके बाद कार्टून का चेहरा बनाने के क्रम में कान की बारी आती है केश (बाल) का आरेख बनाने से पहले केश, कान की अपेक्षा अधिक आसानी से बना सकते हैं परन्तु बिना कान के केश बनाना थोड़ा-सा मुश्किल काम होगा कि केश के लिए रेखा चेहरे पर कहाँ खींची जाये। इसलिए अपनी सुविधा के लिए पहले कान बनायें।

आरेख का अन्तिम चरण हमेशा केश बनाना ही होता है। आप यह हमेशा याद रखें कि आप कार्टून बना रहे हैं तथा कार्टून को वास्तविक दिखना कोई आवश्यक नहीं। इसलिए केश बनाते समय आशंकित होने की आवश्यकता नहीं। आप अपनी कल्पना को स्वतन्त्र घूमने दें तथा किस केश विन्यास शैली को आप सबसे अच्छा मानकर चुनते हैं उसके पहले विभिन्न केश विन्यास शैली का प्रयोग अपने पात्र पर करें।

पात्र के अनुसार विभिन्न प्रकार की आकृतियाँ

विभिन्न मनःस्थितियों में एक चेहरा

प्रसन्नता	उल्लास	हास्यकता (ठहाका)
प्रत्याशा (पूर्वाभास)	हर्ष	आनंद
भय	तिरस्कार	पश्चात्ताप
आश्चर्य	संशय	घृणा

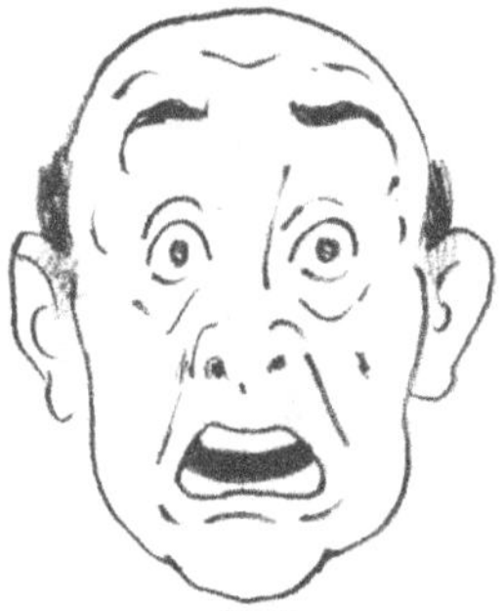

बच्चों के कार्टून चेहरें

कार्टून का हाथ

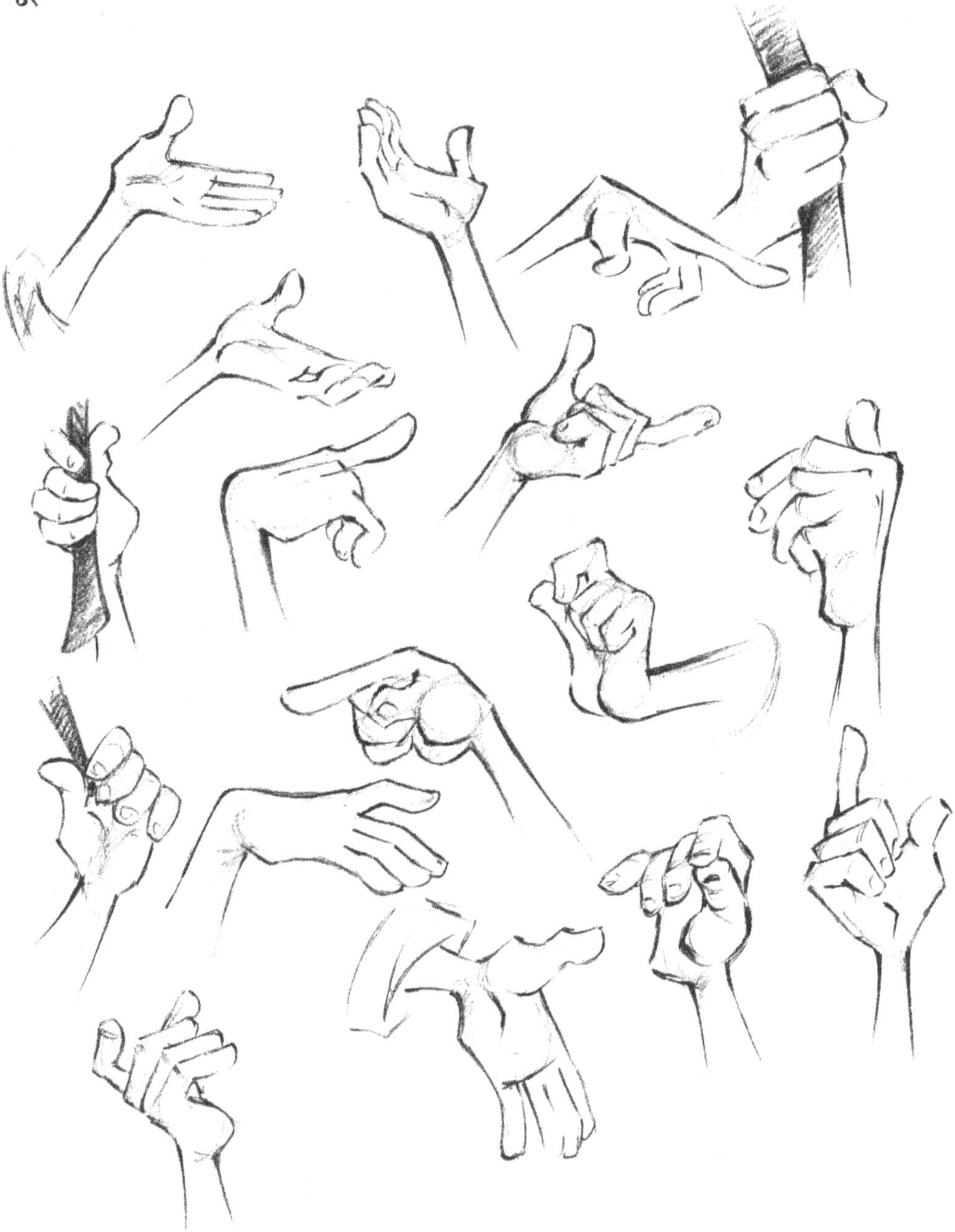

कार्टून का हाथ बनाना थोड़ा जटिल काम है। बशर्ते कि आप एक मुद्रा में हाथ का आरेख बनाने में दक्ष हों किन्तु दूसरी मुद्रा में हाथ का आरेख बनाने में आप चकरा भी सकते हैं। आप अपने पात्र के अनुसार हाथ का आकार बढ़ा सकते हैं परन्तु याद रखें कि दोनों हाथ बराबर होने चाहिए।

टाँग और पाँव

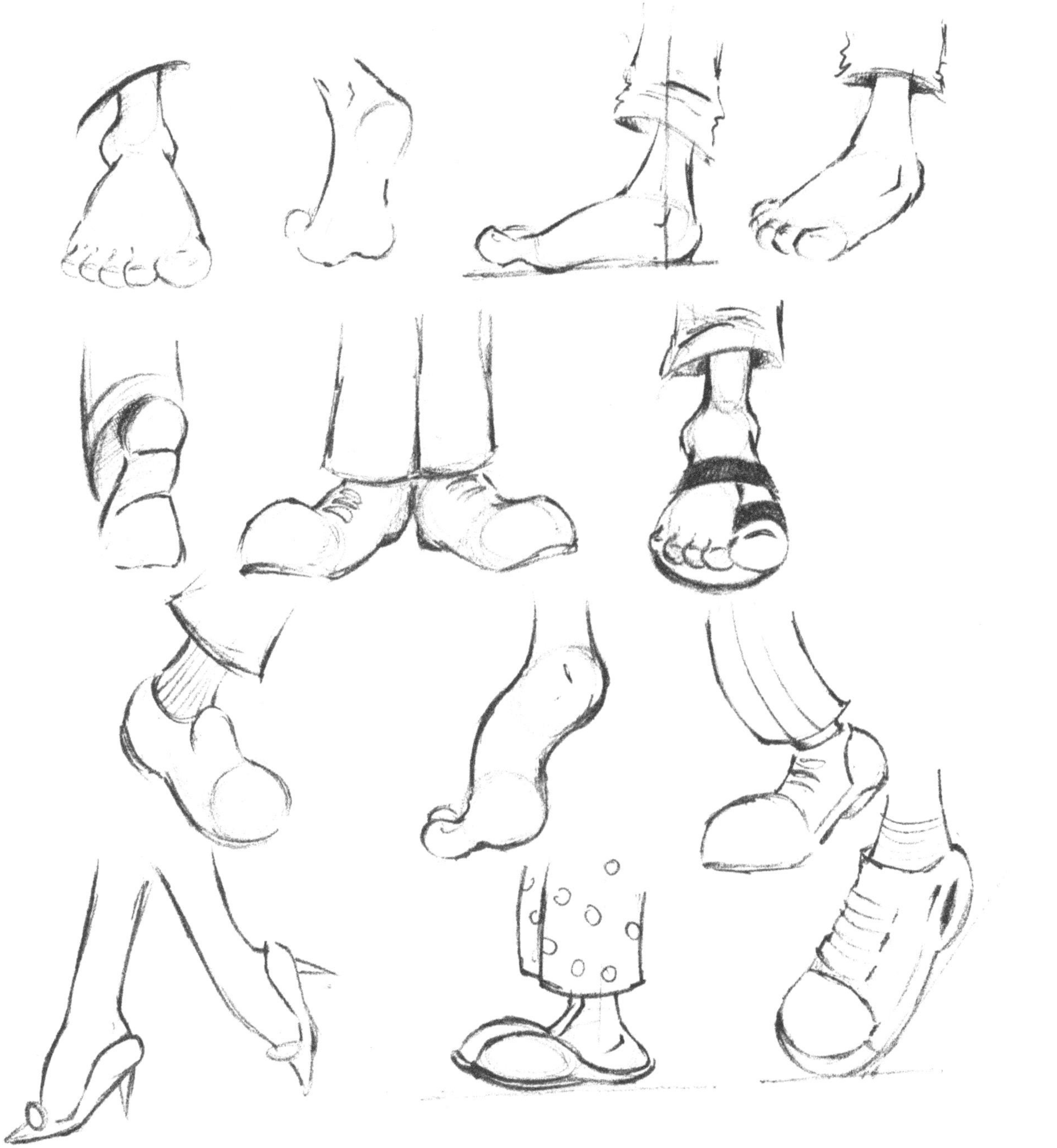

पहले अपने पात्र का चुनाव करें। यदि आप भारी-भरकम बड़ा गोल पेट वाला आदमी बनाना चाहते हैं, तो ऐसी स्थिति में छोटी स्थूल (मोटी) टाँग बनानी चाहिए।

कार्टून बनाना

अण्डाकार आकृति से शुरू करें आप गोल आकृति भी प्रयोग कर सकते हैं। इसके चारों तरफ मार्गदर्शक रेखा खींच लें तथा इसके बाद चेहरा बनायें। अण्डे को विभिन्न स्थितियों में घुमाकर उसी चेहरे को बनायें। चेहरा पूर्ण हो जाने पर शरीर की रचना करें।

कार्टून बनाने में हम इन्हीं दो प्रकार के तरीकों का प्रयोग करते हैं।

अण्डाकार विधि – आप नीचे दिये गये चित्र को देखकर अण्डाकार आकृति का प्रयोग कर शरीर का आरेख बनाने की कोशिश करें तथा यह भी कोशिश करें कि शरीर के अंग की स्थिति यथासम्भव प्राकृतिक लगे। यह सम्भव है कि प्रथम प्रयास में ठीक न बन पाये परन्तु आप बार-बार अभ्यास करते रहें।

छड़ी विधि – इस विधि में अण्डा की बजाय आप छड़ियों का प्रयोग करते हैं। यह विधि तब थोड़ा अच्छी मानी जाती है जब आप अपने पात्र की एक निश्चित मुद्रा में विशेष अस्थि की स्थिति का आरेख बनाना चाहते हों। मैं भी इस विधि को अधिक आसान पाता हूँ तथा इस विधि के बारे में बाद में बताऊँगा क्योंकि अत्यधिक पथनिर्देश देकर उलझन में डालना नहीं चाहता। नीचे दिये गये चित्र इस विधि का एक अच्छा उदाहरण है।

स्वयं प्रयास करें

आओ, स्वयं इन कार्टून के पात्रों को बनाने की कोशिश करें। एक बात याद रखें कि ऊपरी भाग नीचे के भाग से बड़ा है। अगर यह पहले प्रयास में सही नहीं लगता तो पुन: बनाने की कोशिश करें।

जानवरों के कार्टून

खरगोश का कार्टून बनाना

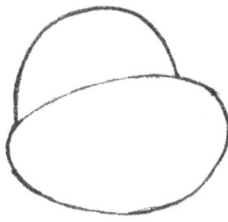

अपने कार्टून खरगोश के सिर की आकृति बनायें।

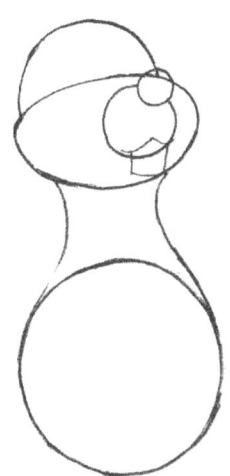

खरगोश का शरीर बनाने के लिए एक वृत्त (गोला) बनायें तथा इसको सिर से जोड़ने के लिए वक्र रेखाओं का प्रयोग करें। खरगोश की सुन्दर (आकर्षक) नाक बनायें तथा दाँत के लिए एक आयत का प्रयोग करें।

इस चरण में आप खरगोश के कान तथा सामने तथा पीछे के पंजों का आरेखण कैसे किया जाता है, देख सकते हैं।

अब बड़ा खरगोश का पाँव तथा भुजाएँ जोड़िए। खरगोश की आँख एवं ठुड्डी भी बनायें।

हम सम्भवत: खरगोश का आरेख बना लिये हैं। अपनी ड्राइंग को और सुन्दर बनाने के लिए खरगोश के सिर पर फर का गुच्छा बना दें कि उसके चेहरे पर मुस्कराहट नजर आये तथा कानों एवं चेहरे का अधिक विस्तार दें।

मार्कर या काली पेंसिल का प्रयोग करके आँख और नाक को पुन: गाढ़ा कर दें जिससे सफेद भाग झलकता रहे। कान में टेढ़ी रेखाएँ (सिलवटें) तथा आँख के नीचे देने से भाव अभिव्यक्ति में वृद्धि होगी।

एक वृत्त या गोला से शुरू करें

अधिकांशत: कार्टून का सिर बनाने के लिए यह आकृति आधार होती है।

प्रत्येक चरण का ध्यानपूर्वक अध्ययन करें तथा खाली सफेद कागज पर इस कुत्ते के चेहर को बनायें।

भाव या अभियक्ति

यह बात याद रखें कि जानवरों के मन के भाव तथा उनकी मनःस्थिति उनके चेहरे पर साफ झलकती है तथा उसकी शारीरिक मुद्राएं इस बात का एहसास करा देती हैं। आरेख, (ड्राइंग) बनाते समय इन सब बातों का सदा ध्यान रखना चाहिए।

प्रसन्नता

दुःखी

खुशी

आश्चर्य

थका हुआ

संकोच

क्यों

गंभीर

भोला

भय

पछाड़ देने वाला प्रहार

इन सब मौलिक सूत्रों को ध्यान से अध्ययन करके कई विभिन्न स्थितियों में कुत्ते का आरेख बनायें। सफाई एवं भाव अभिव्यक्ति पर विशेष ध्यान दें।

गोला (वृत्त) से शारीरिक मुद्राएँ

इन कार्टूनों को गोला (वृत्त) या अण्डा-सी आकृति से बनायें। विभिन्न पात्रों को बनाने का अभ्यास करें।

विभिन्न प्रकार के कार्टून चित्र बनाने का अभ्यास

पक्षी

किसी भी पक्षी का सबसे महत्त्वपूर्ण अंग उसका पंख होता है। इसलिए जब पंख बनाते हैं तो उस समय पूरा प्रयास के साथ बनायें। कुछ ही अभ्यास (प्रयास) से पक्षी बनाना बहुत आसान हो जायेगा।

हास्यास्पद चित्र (गूफी)

गूफी बनाना बड़ा ही मजेदार है जबकि आप डिस्नी पात्रों की ड्राइंग बना रहे होते हैं। चित्र का सावधानीपूर्वक अध्ययन करें।

टार्जन

सकल शरीर की गति

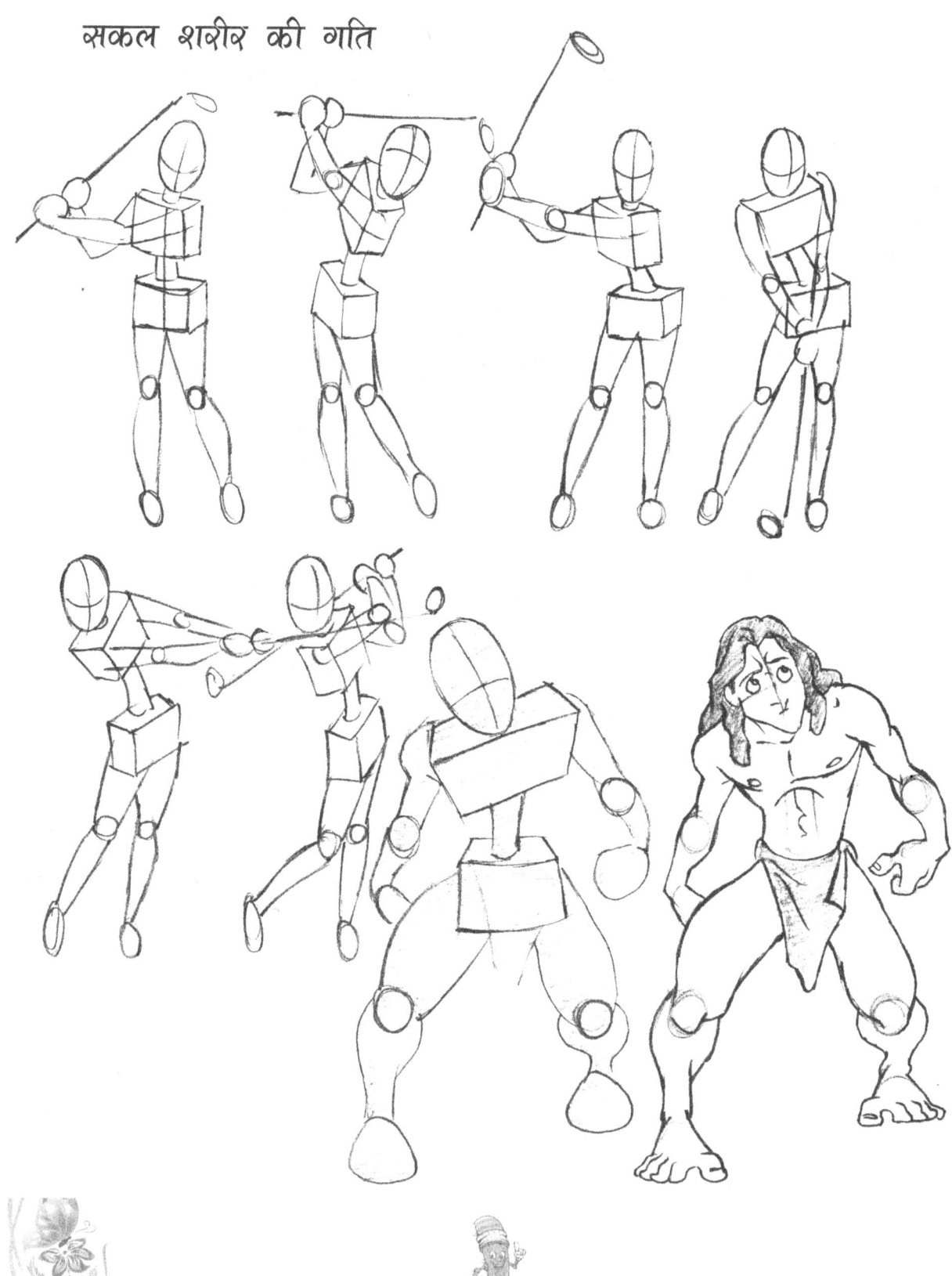

अपने पात्र का आरेख जीवंत कार्य के साथ शुरू करें फिर उसका शारीरिक ढाँचा (अस्थि पंजर) एवं अन्य विवरण का आरेख बनायें।

सजीव आलेख

WELCOME TO
CRIPPLE PEAKS
HOME OF THE LIZARD MAN
LOST CAT
CONTACT SONJA IF FOUND AT THE LIGHTHOUSE
CLICK
ORGANICLY
MEAT

सजीव आरेख

फलों का बाजार

पहियों का विश्राम

महानायक

महानायक

कार्टून नायक का आरेख वृत्त के समूह या अण्डे के आकार का प्रयोग करके बनाना बड़ा आसान है क्योंकि इससे उनकी बृहत् माँसपेशियों का अंकन सुविधापूर्वक हो जाता है।

सोपान 1 - शरीर, सिर एवं टाँग - सबसे पहले गोल उलटा (औंधा) त्रिभुज आकृति से पहले धड़ बनायें और इसके ऊपर साधारण अण्ड आकृति रखकर सिर बना दें। दो लम्बी एवं पतली थोड़ी भीतर की ओर झुकी हुई अण्ड आकृतियाँ पैर का आरेख बनायेंगी।

सोपान 2 - भुजाएँ और माँसपेशियाँ - त्रिभुज रूपी धड़ के ऊपरी कोनों पर दो बड़े गोलों द्वारा महानायक के कंधों को बढ़ाकर दिखायें। दो अण्डाकार आकृतियाँ जो आप टाँगों के लिए खींचे थे, बाँह (भुजा) का निचला हिस्सा बनायेंगी। दो छोटी अण्डाकार आकृतियाँ पैरों के लिए जोड़ दें।

सोपान 3 - हाथ, ऊपरी भुजा, लबादा (केप) - बाँह के निचले हिस्से को कंधा प्रदर्शित करने वाले गोले (वृत्त) को साधारण वक्र रेखा से पहले जोड़ दें। वास्तव में यह एक आसान तरीका है कार्टूनी और माँसपेशियों वाली भुजा बनाने का। दो और आसान गोलाकार आकृतियाँ महानायक के हाथों को बनायेंगी।

सोपान 4 - अन्तिम विवरण - कुछ छोटी वक्र रेखाएँ भुजा के ऊपर आस्तीन की लम्बाई तथा पैर में बूट दिखाने के लिए प्रयोग करें। अब चेहरे के विवरण को जोड़ें।

सोपान 1

सोपान 2

सोपान 3

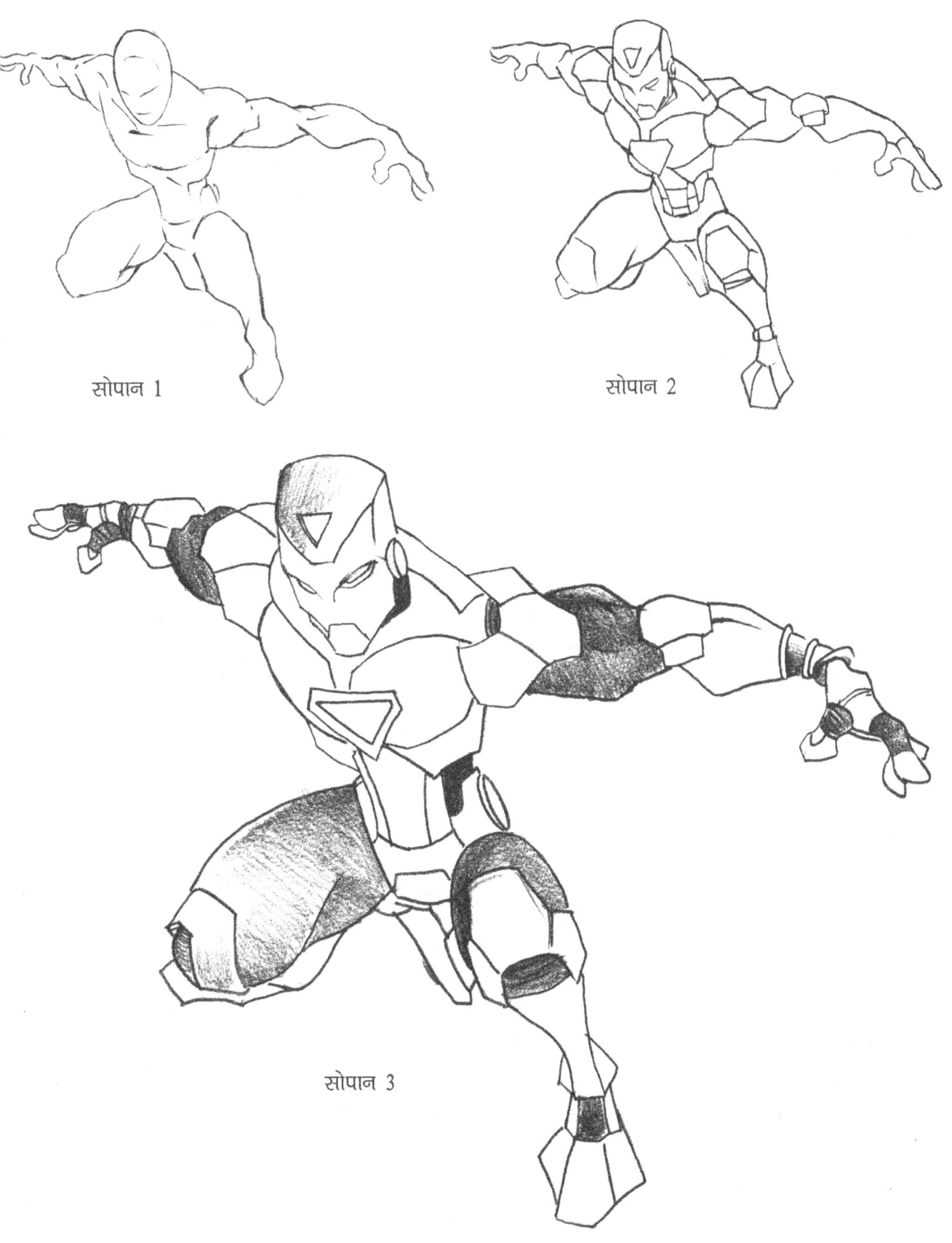

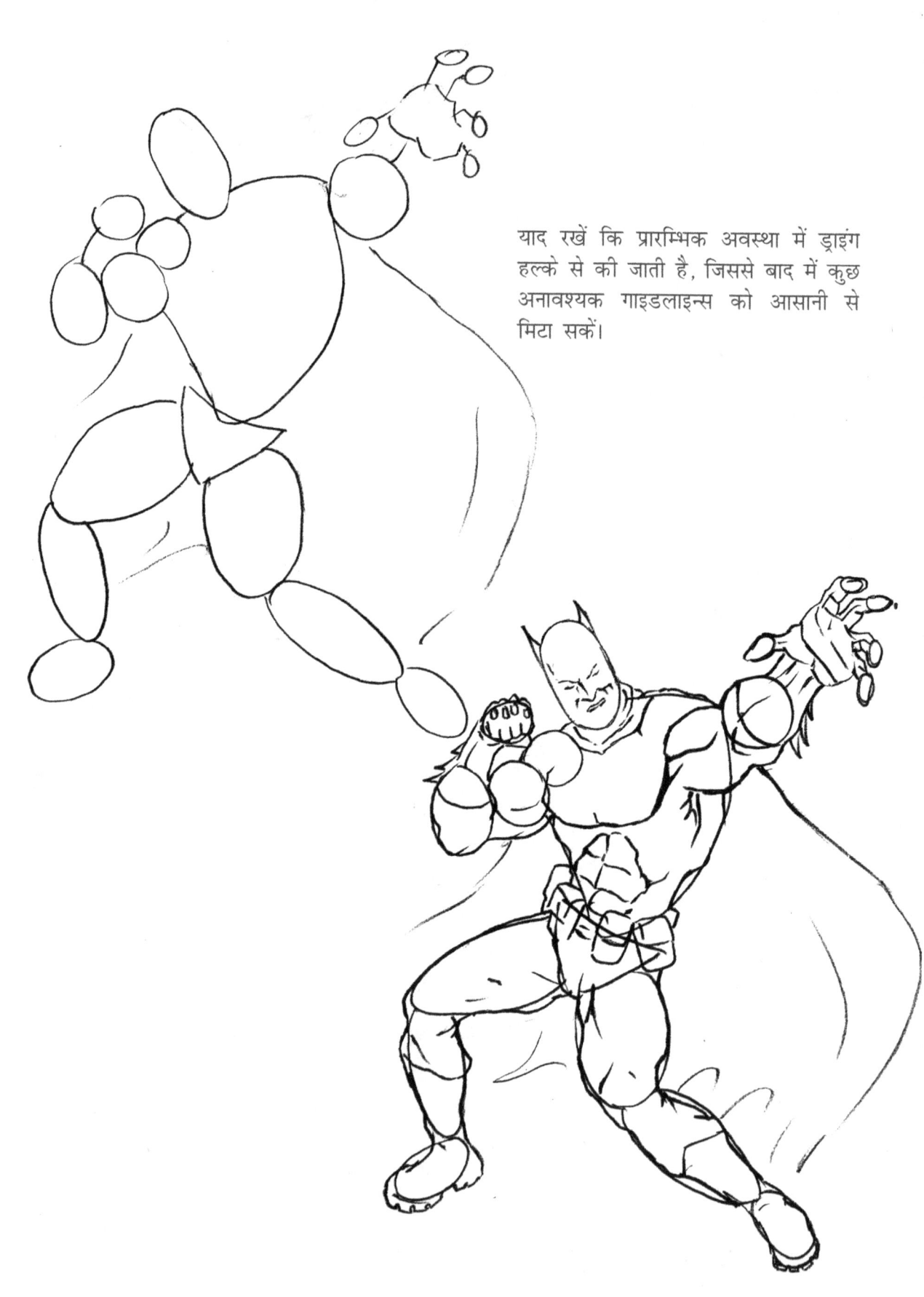

याद रखें कि प्रारम्भिक अवस्था में ड्राइंग हल्के से की जाती है, जिससे बाद में कुछ अनावश्यक गाइडलाइन्स को आसानी से मिटा सकें।

महानायक का आरेख बनाना रोमांचकारी

हल्क

गाढ़ा हल्का प्रभाव के लिए 2B पेंसिल का प्रयोग करें। अँगुली से मलिन करके सौम्य बना दें।

नीचे दी गयी गाइडलाइन्स तथा बायें पेज पर दिये गये उल्लेख का अनुसरण कर इसे पूरा करें।

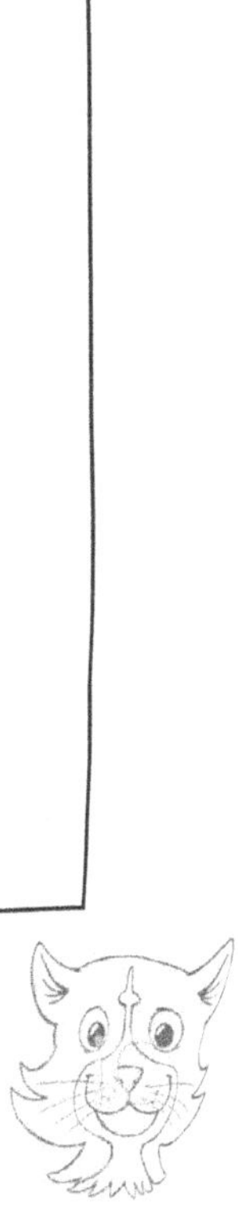

स्पाइडरमैन का स्केच (रेखाचित्र) बनाना
इस आरेखन के लिए 2B पेंसिल का प्रयोग करें।

एक्समैन

एक छोटे भाग को धब्बेदार या मलिन बनाने के लिए अपनी तर्जनी अँगुली या अँगूठे का प्रयोग करें।

इंक और पेन का कार्य

इस चित्र को बनाने के लिए कुछ क्रासहैचिंग का प्रयोग करें।

हास्यजनक चित्र

हास्यजनक चित्र

साधारणत: हास्यचित्र किसी व्यक्ति का ऐसा रेखांकन होता है जिसमें उसके सिर को अत्यधिक बड़ा तथा शरीर को एकदम छोटा दिखाया जाता है। जिस व्यक्ति का चित्र आप बना रहे है उसका सिर अत्यधिक बड़ा बनाते हैं तथा नाक कुछ थोड़ी बड़ी हो तो भी हास्यचित्र में नाक बड़ी ही दिखायी जाती है।

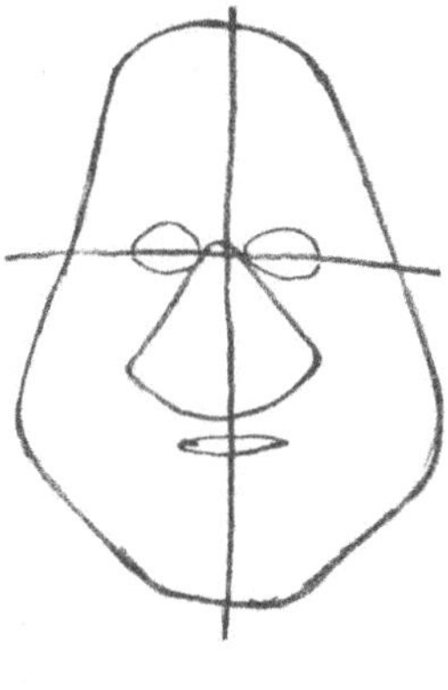

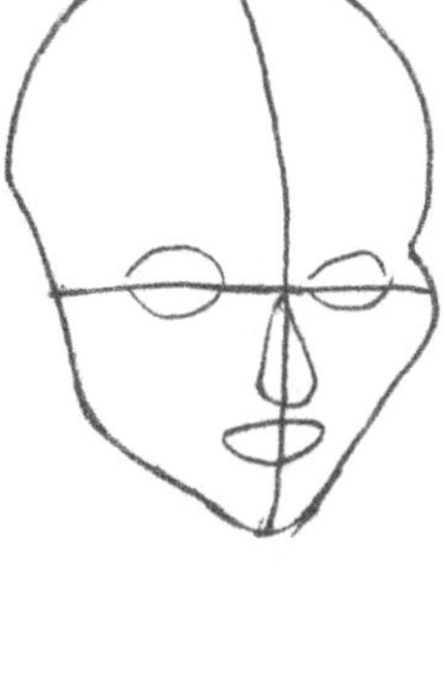

फोटो से हास्यचित्र कैसे बनाते हैं

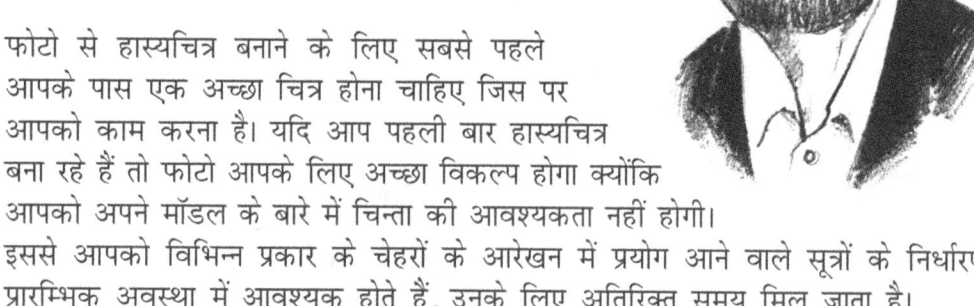

फोटो से हास्यचित्र बनाने के लिए सबसे पहले आपके पास एक अच्छा चित्र होना चाहिए जिस पर आपको काम करना है। यदि आप पहली बार हास्यचित्र बना रहे हैं तो फोटो आपके लिए अच्छा विकल्प होगा क्योंकि आपको अपने मॉडल के बारे में चिन्ता की आवश्यकता नहीं होगी। इससे आपको विभिन्न प्रकार के चेहरों के आरेखन में प्रयोग आने वाले सूत्रों के निर्धारण में जो प्रारम्भिक अवस्था में आवश्यक होते हैं, उनके लिए अतिरिक्त समय मिल जाता है।

यदि आपके पास फोटो है तो कुछ मिनट फोटो को ध्यान से देखें कि इसके किस भाग को अतिरंजित किया जा सकता है। शायद आपको आरेखित चित्र को बड़ी नाक की आवश्यकता हो तथा भेंगी आँख चूहे जैसा बनानी हो। अगर ऐसा है तो आपको कौन-सा भाग को अतिरंजित करना है, यह जानने में आसानी होगी।

चेहरे के लिए थोड़ा अतिरिक्त समय देकर यह देखें कि चेहरे का कौन-सा भाग अतिरंजित किया जा सकता हैं अगर आपका यह पहला प्रयास है तो आप चिन्तित न हों क्योंकि इस प्रक्रिया में आप अपने को गैर-जानकार (अज्ञानी) पाते हैं। यह एक विशिष्ट गुण है जिसे विकसित करने के लिए लगातार समय की आवश्यकता होती है। जितना ही समय आप अपने आस-पास के लोगों के चेहरों का अध्ययन करने में लगायेंगे उतना ही जल्दी आसानी से आप समझ जायेंगे कि चेहरों के कौन से भाग को अतिरंजित करना है।

हास्यचित्र अध्ययन

इस अध्ययन में यह आवश्यक होता है कि जिस व्यक्ति के चित्र का आरेख बनाना है उस व्यक्ति के चरित्र का पूर्णरूपेण निरीक्षण करना पड़ता है किस भाग को प्रकाशमय (हाइलाइट) करना है। उदाहरण स्वरूप- नाक, कान, आँख, ओंठ आदि को सामान्य अनुपात की अपेक्षा अतिरंजित किया जा रहा है।

किसी हास्यचित्र में 'जीवन' अधिकांशत: आँखों के उचित आरेखन पर निर्भर करता है। इसलिए आँखों को वास्तविक प्रभाव देने की कोशिश करें।

हास्यचित्रों का रेखा ड्राइंग

नौसिखिया (आरंभकर्ता) के लिए

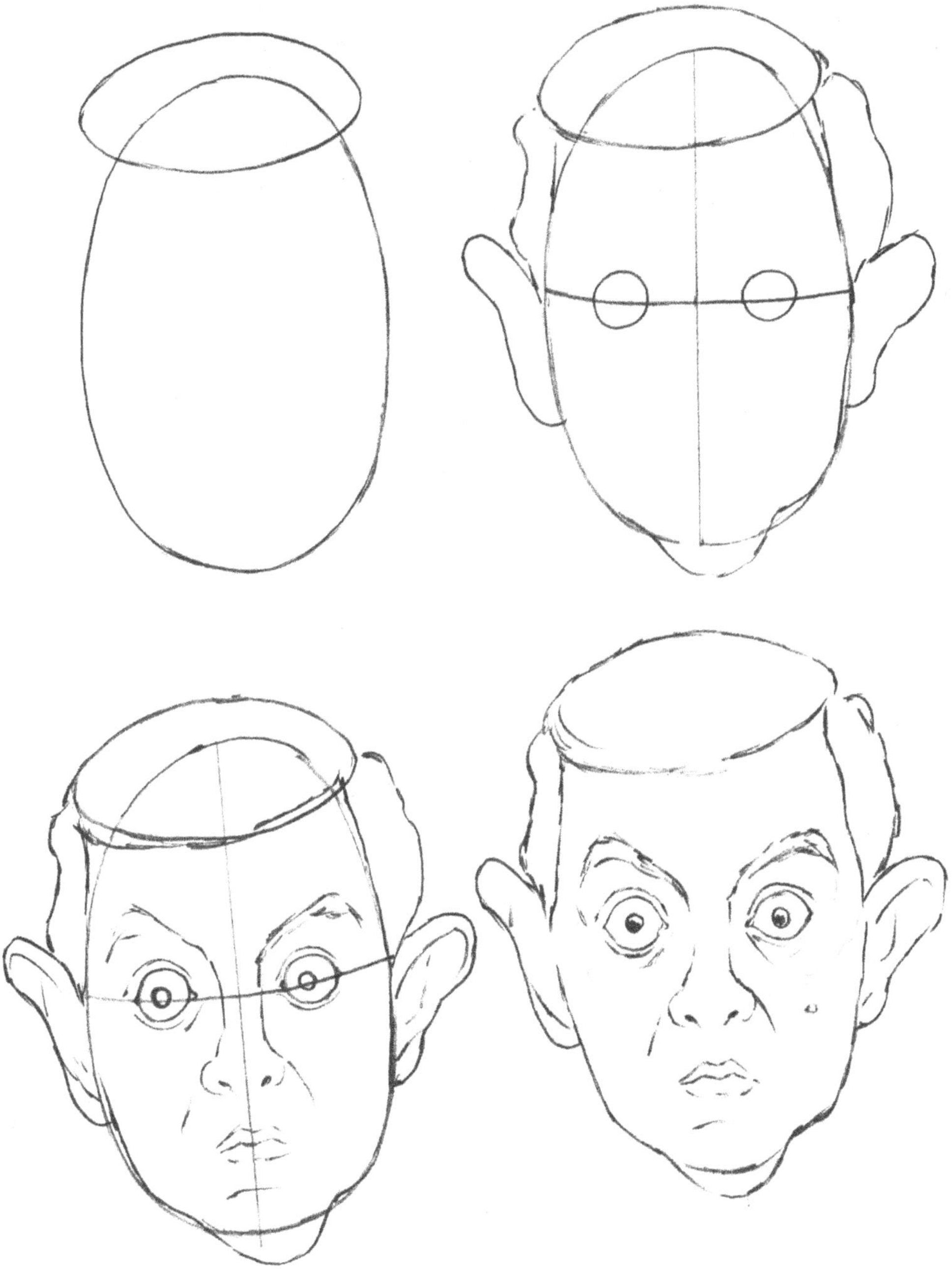

गैलरी (कलादीर्घा)

सजीव हास्यचित्र

पेंसिल जल रंग कार्य

पीले कागज पर काला एवं सफेद क्रेयन कार्य

Quiz Books (प्रश्नोत्तरी की पुस्तकें) | STUDENT DEVELOPMENT (छात्र विकास)

02307 P • ₹110 • 144 pp   02304 P • ₹200 • 256 pp   02308 P • ₹120 • 128 pp   02302 F • ₹120 • 256 pp   00503 P • ₹110 • 142 pp   10501 P • ₹96 • 152 pp   5645 D • ₹150 • 133 pp

02310 P • ₹120 • 184 pp   12313 P • ₹96 • 168 pp   02303 P • ₹96 • 192 pp   02309 P • ₹96 • 104 pp   02311 P • ₹96 • 112 pp   9076 D • ₹80 • 144 pp   10502 P • ₹96 • 144 pp

COMPUTERS (कम्प्यूटर्स) | QUOTES/SAYINGS (उद्धरण/सूक्तियाँ)

02402 P • ₹100 • 104 pp   12403 P • ₹100 • 104 pp   12401 P • ₹120 • 164 pp   00801 P • ₹96 • 132 pp   10803 P • ₹96 • 144 pp   00804 P • ₹125 • 187 pp

ENGLISH IMPROVEMENT (अंग्रेजी सुधार)

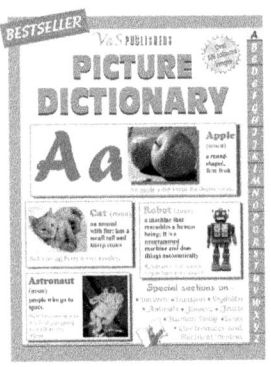 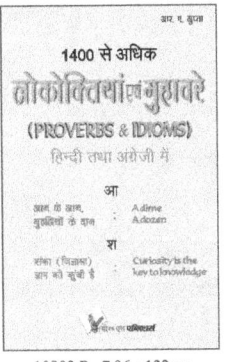  

Learn sophisticated style of correct English writing! Polish your communication lines and skill by using effective and attractive words modern readers and writers prefer! Suitable examples for easy application provided.

03902 P • ₹120 • 64 pp   10802 P • ₹96 • 132 pp   03901 P • ₹88 • 230 pp   03907 P • ₹150 • 148 pp

Contact us at sales@vspublishers.com

FUN/FACT/MYSTERIES/MAGIC/HOBBIES
(मनोरंजन/तथ्य/जादू/शौक/रहस्य)

02503 P • ₹ 295 • 108 pp

03401 P • ₹ 250 • 212 pp

हिन्दी साहित्य

13101 P • ₹ 100 • 152 pp

13103 P • ₹ 100 • 152 pp

12205 P • ₹ 80 • 112 pp

02502 P • ₹ 100 • 112 pp

02204 P • ₹ 100 • 136 pp

12208 P • ₹ 88 • 136 pp

12509 P • ₹ 120 • 205 pp

12504 P • ₹ 150 • 257 pp

12209 P • ₹ 88 • 136 pp

12302 P • ₹ 48 • 112 pp

02305 P • ₹ 60 • 96 pp

02306 P • ₹ 60 • 96 pp

12202 P • ₹ 72 • 112 pp

02301 P • ₹ 110 • 152 pp

02206 P • ₹ 100 • 128 pp

02501 P • ₹ 150 • 128 pp

12501 P • ₹ 150 • 122 pp

12201 P • ₹ 72 • 124 pp

02207 P • ₹ 80 • 124 pp

2246E P • ₹ 72 • 120 pp

02203 P • ₹ 80 • 120 pp

All books available at www.vspublishers.com

www.ingramcontent.com/pod-product-compliance
Lightning Source LLC
Chambersburg PA
CBHW080448110426
42743CB00016B/3316